CRITIQUE DU PROJET

D'UN NOUVEAU THÉATRE

A VIENNE

CRITIQUE

DU PROJET DE CONSTRUCTION

D'UN

NOUVEAU THEATRE

A VIENNE

LYON

IMPRIMERIE LOUIS PERRIN

M DCCC LXV

CRITIQUE

DU PROJET DE CONSTRUCTION

D'UN NOUVEAU THÉATRE

A VIENNE

« *Amicus Plato, sed magis amica veritas.* »

Une délibération du Conseil municipal de notre ville, en date du 10 février 1865, a décidé la construction d'un nouveau théâtre à Vienne. Cette même délibération, après avoir cru reconnaître l'opportunité de cette construction, s'occupe de son emplacement et des moyens d'exécution au point de vue financier; de plus, elle met au concours la confection du projet.

C'est cette délibération et ses conclusions que les auteurs de la présente brochure se proposent de discuter.

Quoique d'un avis contraire à celui du Conseil, ils

protestent d'avance contre toute insinuation qui tendrait à lui faire voir une opposition quelconque, dans le but de combattre une de ses délibérations. Organes d'un grand nombre de citoyens, ils veulent simplement appeler l'attention publique et celle du Conseil sur un projet qu'une discussion plus approfondie montre inutile, inopportun & irréalisable.

Il nous reste donc à prouver notre dire, et c'est ce que nous allons faire, aidés seulement des faits, de la vérité et de la logique du bon sens.

Pour la commodité de la discussion, nous indiquerons tout de suite les points principaux sur lesquels elle porte. Nous examinerons d'abord la question de l'utilité, puis celle de savoir s'il n'y a rien de mieux à faire qu'un théâtre, et si les finances de la ville permettent l'accomplissement de la construction en projet, et enfin la question de l'emplacement.

Nous l'avons déjà dit, un nouveau théâtre serait inutile à Vienne ; nous ajouterons que celui qui existe est plus que suffisant.

Et en effet, qui est-ce qui motiverait la construction d'un nouveau théâtre ? Le goût prononcé de nos concitoyens pour les spectacles ? M. le Rapporteur du Conseil semble l'avancer. En vérité, y a-t-il bien réfléchi ? Qui ne connaît l'état déplorable dans lequel tombent les troupes dramatiques qui s'établissent à Vienne ? Si l'on recherche les causes qui ont pu amener le Conseil à croire un nouveau théâtre nécessaire, on se trouve tout de suite en face de l'affluence des spectateurs qui allaient chaque soir, cet hiver, applaudir Mlle Scriwaneck. Oui, nous le reconnaissons, le Conseil municipal a pu s'y tromper aisément, et prendre un engouement passager pour l'expression de l'opinion publique. Mais, qu'on ne s'y trompe pas, le public n'était pas entraîné au théâtre par son goût habituel ; il allait simplement profiter d'une occasion bien rare. On le voit donc, vouloir conclure quelque chose des murmures qui ont pu s'élever alors contre l'insuffisance de la salle de spectacle, serait ériger gratuitement l'exception en règle.

Bien loin de blâmer nos concitoyens de leur indifférence pour le théâtre, nous les en félicitons sincèrement, et cela pour plusieurs raisons. En premier lieu, parce que la scène est loin d'être une école de mœurs et de bon goût. S'il est besoin de joindre à notre voix la voix plus autorisée d'un homme célèbre, dont l'opinion ne saurait être suspectée en cette matière, lisons ce qu'écrit Jean-Jacques Rousseau à d'Alembert, qui invitait les Génevois à élever un théâtre dans leur ville : « Je n'aime point,
« s'écrie l'auteur d'*Emile*, qu'on ait besoin d'attacher in-
« cessamment son cœur sur la scène, comme s'il était
« mal au-dedans de nous. La nature même a dicté la
« réponse de ce barbare à qui l'on vantait la magnifi-
« cence du cirque & les jeux établis à Rome : « Les
« Romains, demanda ce bon homme, n'ont-ils ni fem-

« mes, ni enfants ? » « Le barbare avait raison. L'on croit
« s'assembler au théâtre, et c'est là que chacun s'isole ;
« c'est là que que l'on va oublier ses amis, ses voisins, ses
« proches, pour s'intéresser à des fables, pour pleurer
« les malheurs des morts, ou rire aux dépens des vivants »

Une autre raison pour laquelle nous trouvons nos concitoyens raisonnables dans leur indifférence, c'est que le peu d'importance de notre ville ne nous permettra jamais d'avoir des troupes dramatiques, sinon bonnes, du moins passables. Loin donc que les Viennois manquent de goût artistique, ils en font preuve en évitant une scène où on ne pourrait que le leur corrompre.

Nous n'insisterons pas davantage sur l'utilité d'un nouveau théâtre et sur la suffisance de la salle actuelle ; nous croyons en avoir assez dit pour convaincre les gens de bonne foi, et nous ne tendons qu'à cela.

Ce premier point résolu, passons au second, qui est de prouver qu'il y a mieux à faire qu'un théâtre dans l'intérêt de la ville, si tant est que ce soit une chose à discuter.

Depuis plus de trente ans, les paroissiens de Saint-André-le-Bas réclament avec instance la restauration de leur église, qui, d'ailleurs, mérite l'attention de l'Administration, comme monument historique à conserver. Chacun sait que la façade de cette église est depuis assez longtemps sous le coup d'une ruine imminente, à ce point qu'on a jugé prudent d'interdire aux fidèles une partie de la nef. Outre qu'il n'est pas douteux qu'on doit éviter une catastrophe possible, il est de la dignité d'une ville de veiller à la conservation des monuments qui font sa gloire, et l'église de Saint-André-le-Bas est de ce nombre, à raison de son antiquité, de son admirable style, et surtout de son remarquable clocher. Nous le savons, la Commission des travaux s'est occupée dernièrement des réparations à faire à cette église; nous la remercions sincèrement de sa sollicitude, mais nous ne voudrions plus à l'avenir qu'on parlât d'un théâtre, quand il y a tant à restaurer autour de nous.

Outre la restauration indispensable dont nous parlons, que n'y a-t-il pas à faire dans notre ville! Examinons, on n'a que l'embarras du choix.

Achèvement des travaux de la route de Pont-Evêque, c'est-à-dire continuation de cette route à travers la rue Cuvière, jusqu'au quai Saint-Louis;

Reconstruction du pont sur la Gère, en face de la rue de l'Eperon;

Continuation de la rue de la Gare, à travers le quartier Saint-André-le-Haut, pour mettre le quartier Saint-Martin en communication facile avec la gare;

Transformation de tout le quartier situé entre le cours Romestang, l'église Saint-Maurice, le Rhône et la place de la Caserne;

Elargissement du cours Romestang, côté et partie situés entre la rue Juiverie et la place de la Caserne ;

Continuation de la promenade de la place de la Caserne jusqu'au Rhône ;

Agrandissement et régularisation de la place de l'Hôtel-de-Ville ;

Régularisation de la place de Notre-Dame-de-la-Vie ;

Elargissement de la rue des Clercs ;

Elargissement de la rue Marchande, partie située entre le passage de l'Hôtel-de-Ville et la rue des Orfèvres ;

Elargissement de la rue de la Chaîne et continuation de cette rue jusqu'au quai du Rhône ;

Continuation de la rue des Serruriers jusqu'au quai du Rhône ;

Elargissement de la Grand'Rue sur tout son parcours (une partie de ces travaux serait à la charge de l'Etat) ;

Création d'une rue pour mettre en communication les places de Miremont et de Saint-Maurice ;

Régularisation de cette dernière place ;

Abaissement du quai du Rhône depuis la place du Jeu-de-Paume jusqu'à la Verrerie, afin de mettre ce quai de niveau avec la Grand'Rue ;

Construction du bas-port du quai Pajot (partie de ces travaux à la charge de l'Etat) ;

Construction de la digue du Champ-de-Mars jusqu'à la rue des Lanciers, et de cette rue jusqu'à la place de

Notre-Dame-de-l'Ile (partie de ces travaux à la charge de l'Etat);

Dégagement des églises de Saint-Maurice et de Saint-André-le-Bas.

Ces travaux de dégagement sont imposés à toutes les villes lorsque l'Etat entreprend la restauration des monuments historiques.

Ajoutons à ces principaux travaux d'utilité publique, la création d'égouts et de robinets à incendie dont de nombreux quartiers sont encore privés, et nous aurons à peu près la liste de ce qui doit être entrepris avant de songer à un théâtre.

Nous savons qu'il est impossible de tout entreprendre; nous prions simplement notre Administration de se rappeler les paroles bien souvent prononcées par le regrettable M. de Miremont, à qui l'on demandait aussi la construction d'un théâtre : « *Faisons donc l'utile, le néces-« saire, nous verrons ensuite.* »

Quand on remarque les travaux exécutés dans notre ville, on est frappé du peu de suite qu'on y a donné. On commence tout et on ne finit rien. La ville de Lyon, dont la transformation se poursuit si rapidement et avec tant d'intelligence, a fait dresser en 1854 un plan général des améliorations à exécuter; ces améliorations ont été classées à raison de leur utilité. Rien n'est aujourd'hui entrepris que suivant l'ordre du classement. Une fois les travaux commencés, ils sont achevés complètement avant que l'on s'occupe d'autres projets.

Notre ville suit-elle une aussi louable marche?

Peut-on considérer les travaux de rectification de la route de Pont-Evêque comme achevés? Ces travaux ne doivent ils pas être continués pour la section comprise entre l'église Saint-Martin et le quai Saint-Louis?

Les ponts sur la Gère resteront-ils dans l'état où ils sont actuellement, c'est-à-dire avec des pentes qui ont, sans doute, été faites pour nous rappeler les rampes rapides qui existaient sur nos anciennes routes. Il nous semble que notre ville avait déjà assez de rues nous rappelant de tels souvenirs.

La rue de la Gare a-t-elle sa raison d'être, si elle ne se prolonge pas à travers le quartier Saint-André-le-Haut?

Nous pourrions terminer là la discussion. Ayant démontré l'inutilité d'un nouveau théâtre et l'inopportunité de sa construction en face d'améliorations et de projets plus importants, il semblerait logiquement que le débat est épuisé, puisque nous avons sapé les seules bases sur lesquelles les partisans d'un nouveau théâtre puissent s'appuyer. Mais, nous l'avons dit en commençant, notre brochure portera sur tous les points de la délibération du Conseil, non dans le vain but de faire de l'opposition systématique; dans le désir seulement de convaincre ceux qui douteraient encore de l'inutilité et de l'inopportunité du projet.

Les moyens d'exécution au point de vue financier, le Conseil Municipal, dans sa délibération, les a énumérés. C'est d'abord le prix de l'aliénation du théâtre actuel, puis les locations à retirer des magasins que l'on se propose de faire au rez-de-chaussée du nouveau théâtre, et enfin un nouvel emprunt à contracter.

Nous n'avons rien à dire des locations, sur lesquelles le Conseil compte si bien, sinon qu'elles nous paraissent devoir être à peine suffisantes à payer l'intérêt de la dette à contracter.

Peut-on retirer de 30 à 35,000 fr. de l'aliénation du théâtre actuel? Nous ne le croyons pas. En effet, l'Hospice seul a intérêt à faire cette acquisition. Le théâtre est compris, pour ainsi dire, dans son périmètre. D'un autre côté, personne ne sera tenté de donner 30,000 fr. d'un emplacement qui ne présente pas de grands avantages de position, et qui, d'ailleurs, ne saurait être agrandi à cause de l'impossibilité d'y joindre des terrains avoisinant des monuments historiques. Tout le monde peut se convaincre de cette dernière assertion. On connaît assez la situation de la salle de spectacle actuelle pour que nous soyons dispensés d'en faire une longue description. Située au levant d'une cour, elle semblerait propice à toutes sortes de constructions. Il n'en est cependant rien. Au midi se trouve le grand mur qui servait de support à une magnifique rampe d'escalier conduisant du Forum à la partie haute de la ville, et ce mur est considéré comme l'un des plus beaux monuments historiques connus. Eh bien! aliéner une partie de cette cour et même l'emplacement du théâtre, c'est amener la ruine plus ou moins prochaine du bel ouvrage dont nous parlons. Bien des villes s'imposeraient de lourds sacrifices pour conserver un monument auquel Rome n'a rien à comparer. Vienne en jugerait-elle autrement et préférera-t-elle laisser périr les restes imposants qui attestent encore son ancienne splendeur, pour nous donner une construction inutile et probablement fort laide? C'est au Conseil municipal à en décider. A lui d'assumer sur sa tête la responsabilité d'un tel acte ! D'ailleurs, disons-le tout de suite, le moment serait mal choisi pour ce vandalisme. Ce n'est pas après le dégagement et la restauration du temple d'Auguste et de Livie qu'on peut songer à masquer d'une fabrique, par exemple, un mur romain admirable. Et puis, s'il faut l'ajouter : que notre Administration se souvienne qu'il existe en France une société appelée Société française d'Archéologie, dont la mission est d'assurer, par tous moyens, la conservation des monuments historiques. Cette Société, composée de savants éminents, remplit sa mission avec une rare indépendance. Ses plaintes et ses observations, portées jusques dans les hautes régions du Pouvoir, ont un effet que notre Administration peut facilement constater en essayant d'aliéner la cour au-devant du mur romain.

Nous espérons bien que l'opinion publique qui, suivant les paroles de l'honorable Rapporteur de la Commission des finances de notre ville, *réclame avec instance que la Ville se mette au niveau de son importance en ce qui concerne la distraction intellectuelle,* nous espérons, disons-nous, que cette même opinion publique réclamera, avec non moins d'instance, la conservation d'un monument remarquable, *et que l'Administration ne saurait rester sourde à ce vœu de la population, avec d'autant plus de raison* que, pour cette œuvre de conservation, il n'y a qu'à laisser les choses dans l'état où elles sont.

En dernier lieu, la situation financière de notre ville permettrait-elle un nouvel emprunt ?

Pour discuter cette question, il faudrait avoir les documents établissant les charges et les ressources de la Ville, et nous ne connaissons aucune publication récente à cet égard. Chaque année, l'Etat et la Ville de Paris publient leurs budgets, ainsi que de nombreuses pièces s'y rattachant. Tout étant connu, on peut trouver les renseignements nécessaires à une discussion sérieuse. Les choses ne se passant pas ainsi dans notre ville, on comprendra qu'il ne nous soit pas facile de démontrer que ses finances sont grevées de lourdes charges. Néanmoins, nous pouvons, dès à présent, faire observer que les emprunts contractés en 1856 et 1859 sont loin d'être soldés; que, d'un autre côté, la Ville a fait des acquisitions assez importantes dans ces derniers temps, et que les prévisions des dépenses de la rue Pont-Evêque ayant été dépassées, il ne serait pas de bonne administration, ce nous semble, d'aggraver encore l'état des finances de la Ville par la construction d'un théâtre. Une ville ne doit se permettre une telle construction que lorsque ses budgets se soldent par des excédants de recettes et lorsqu'elle n'a plus aucuns travaux d'utilité publique à entreprendre ; et ce ne sont certes pas les cas dans lesquels se trouve la nôtre. Que ceux qui sont pressés d'avoir un nouveau théâtre en souscrivent les fonds : les contribuables qui trouvent les centimes additionnels assez considérables n'auront plus rien à dire !

Irons-nous plus loin et examinerons-nous la question de l'emplacement ? Oui, vraiment, et pour les motifs que nous en avons donnés plus haut. Nous le savons bien. Après avoir prouvé l'inutilité d'un nouveau théâtre, son inopportunité et le peu de ressources financières pour l'exécuter, il semble que la discussion soit close. Cependant nous tenons à remplir le programme que nous nous sommes tracé, et qui est d'examiner tous les moyens du projet. On l'avouera donc : nous sommes complets, et la cause que nous défendons est bien bonne, puisqu'elle ne craint pas d'entrer dans tous les détails imaginables. Ainsi, examinons encore la question de l'emplacement du théâtre à construire, et nous en aurons fini avec une discussion où la vérité est de notre côté, comme on a pu déjà le voir.

En 1859, la création des approvisionnements de la boulangerie obligea d'affecter une grande partie de la halle à leur dépôt. Ces approvisionnements ayant été supprimés par le décret qui proclame la liberté de la boulangerie, la halle se trouve, dit-on, comme dépôt de blés, sans aucune utilité.

Peut-on déjà émettre cette opinion?

On sait que le Gouvernement fait rechercher avec soin les effets que produit la liberté de la boulangerie. L'ensemble des documents recueillis jusqu'à ce jour n'ayant pas encore été publiés, et l'enquête ne pouvant être complète que lorsque l'on aura réuni les résultats d'un assez grand nombre d'années de bonnes et mauvaises récoltes, y a-t-il lieu de changer la destination de la halle aux blés, sans être certain que l'état de choses actuel ne sera pas modifié?

Supposons que le bâtiment dont nous parlons reste, comme magasin à blé, aussi inutile dans l'avenir qu'il l'est aujourd'hui, ne pourrait-on pas le convertir, à peu de frais, en marché couvert que l'intérêt de notre ville réclame plus impérieusement qu'un théâtre? Qu'on veuille bien s'arrêter un moment à cette idée, et l'on verra qu'elle est aussi raisonnable que pratique.

D'autre part, une ville de l'importance de celle de Vienne n'a-t-elle pas besoin d'avoir, toujours à sa disposition, un local qui puisse être approprié, à peu de frais, soit à une exposition, soit à une fête, soit à divers services qui peuvent être nécessaires dans l'avenir? Et pour ne donner qu'un aperçu de l'utilité que peut avoir la conservation du bâtiment de la halle, n'est-il pas évident que si l'Hôtel-de-Ville avait été complètement occupé, on aurait pu facilement rendre la halle propre à servir de lieu de séances pour les cours publics créés cette année.

Voyons maintenant si la halle peut être transformée en théâtre.

Pour discuter cette question, il serait nécessaire d'entrer dans de longs détails qui nous paraissent inutiles en présence du concours ouvert entre architectes, afin de dresser les plans de cette transformation.

Néanmoins, nous pouvons l'avancer dès à présent, les conditions du programme tracé pour le concours nous semblent difficiles à remplir; nous pourrions longuement le combattre. Nous ne le ferons pas. Nous nous bornerons seulement à critiquer les deux conditions suivantes :

1º Conserver et utiliser autant que possible les constructions existantes ;

2° Ménager sur les faces latérales des boutiques avec entresol.

Sur la première, nous dirons qu'il est impossible de conserver la moindre partie des constructions actuelles.

Tous les architectes savent fort bien que les deux principales conditions à réaliser dans la construction d'un théâtre sont la solidité et l'élégance.

Donc, élever un monument élégant en conservant des parties de lourdes constructions ; créer au rez-de-chaussée des boutiques avec entre-sol, c'est, on l'avouera, un problème difficile à résoudre.

Observons de plus qu'établir des boutiques dans un théâtre, c'est augmenter les chances d'incendie déjà si grandes pour ces monuments.

Un théâtre doit être un théâtre et rien de plus. Y créer des magasins serait aussi absurde que de ménager l'espace compris entre la voûte et le toit d'une église, à l'effet de le faire servir à un entrepôt de fourrages ou à un étendage.

Le paragraphe du programme relatif aux dispositions intérieures est aussi à remarquer. Pour le remplir, un emplacement triple de celui de la halle est nécessaire. Nous ne croyons pas encore devoir discuter ces conditions. Nous attendrons que les plans soient dressés ; alors nous pourrons voir comment les architectes seront parvenus, avec les limites qui leur sont tracées, à obtenir une salle pouvant contenir douze cents spectateurs, un orchestre pour quarante musiciens, des corridors larges, des escaliers spacieux et commodes, etc., etc.

Enfin, la grandeur de la halle n'étant pas suffisante pour un théâtre, le programme permet d'agrandir soit au levant soit au couchant.

Malheureusement, ce programme, qui paraît si complet, n'a pas indiqué les difficultés que rencontrera l'agrandissement des constructions actuelles.

Lorsque, en 1822 ou 1823, il fut décidé qu'on élèverait une nouvelle halle, on chargea le regrettable M. Bonnevay d'en dresser les plans et devis. Ces plans ayant été adoptés par l'Administration municipale, on commença les travaux. Ils furent poussés avec activité; mais au début on se trouva en présence d'une grande difficulté; le sol devant recevoir les fondations ne présentait aucune solidité, c'était un terrain extrêmement léger. On fut obligé d'exécuter d'immenses travaux, qui augmentèrent considérablement la dépense prévue.

Ces difficultés ne se présenteront-elles pas si le bâtiment de la halle est agrandi; ont-elles été prévues dans le programme? On a fixé à 180,000 fr. la dépense à faire. Quel chiffre faut-il fixer pour les nouvelles fondations? Que l'on consulte les documents établissant la dépense des constructions de la halle et l'on sera effrayé en voyant ce qu'ont coûté les fondations de ce bâtiment. Si les plans font table rase des constructions actuelles et que, par suite, la disposition des piliers des caves sur lesquels repose l'édifice, ne se prête plus aux nouvelles constructions, il faudra modifier, dans leur entier, les fondations de la halle, et alors on aura ce que ni administrations, ni architectes, ni entrepreneurs, n'aiment à avoir, c'est-à-dire les dépenses imprévues.

Examinons maintenant si l'emplacement est bien choisi pour un théâtre.

Au premier abord, on le pense; mais quand on examine un peu attentivement les lieux, on peut en douter sérieusement.

La place de Miremont est une des plus vastes et des plus régulières de la ville; les principales rues y aboutissent. Le cours Romestang débouchant au midi de la place, la rue de l'Hôtel-de-Ville au nord et la route de Beaurepaire au levant, y amènent une circulation incessante et très-active. Si l'on construit à la place de la halle un théâtre, il y a nécessité de diminuer le périmètre de la place qui, avec sa grandeur actuelle, est déjà assez encombrée les jours de marché.

Quand tant de villes élargissent leurs rues et créent de vastes places, serait-il raisonnable, non-seulement de ne pas suivre à Vienne un mouvement aussi excellent, mais encore d'aller à son encontre?

D'un autre côté, au couchant de la place de Miremont, se trouve la magnifique basilique de Saint-Maurice, qui, un jour dégagée des constructions l'entourant, laissera apercevoir librement sa partie la plus ancienne et la plus belle.

Nous nous demandons s'il est convenable qu'une église et un théâtre se trouvent sur la même place. Ces deux monuments, quoi qu'on en dise, ne doivent pas être placés l'un à côté de l'autre.

Il n'est pas en France une seule ville où l'on n'ait pas respecté cette convenance : qu'on veuille le remarquer.

Aucune ville n'a voulu commettre ce qu'on pourrait appeler un outrage à la religion : nous ne pensons pas que notre ville veuille commencer.

Le gouvernement de l'Empereur a un respect si profond pour tout ce qui touche à notre religion, que nous sommes assurés que le projet de notre Administration n'aura pas son approbation.

Observons ensuite qu'il y a à peine quarante ans que le bâtiment de la halle, — si bien construit, remarquable par le choix des ses matériaux, et que sa belle disposition peut rendre si utile dans l'avenir, — est achevé, que déjà on parle d'en démolir la plus grande partie et de le transformer en théâtre.

Ce monument a trop coûté pour songer à le faire sitôt disparaître. Un nouveau théâtre peut être construit à Vienne, sans que la dépense qui en résultera pour la ville soit plus considérable. L'on pourra toujours choisir un autre emplacement sur lequel l'architecte ne sera pas gêné dans son projet par la nécessité de conserver des parties de construction qu'il est très-souvent impossible d'harmoniser avec les parties neuves.

Remarquons-le en finissant.

Notre ville possède de beaux monuments : Le temple d'Auguste et de Livie, le grand arc à l'entrée du théâtre, la magnifique église de Saint-Maurice, les admirables clochers de Saint-Pierre et de Saint-André-le-Bas, les belles et élégantes églises de Saint-André-le-Haut et de Notre-Dame-de-l'Ile.

Eh bien, faudra-t-il que nos neveux se disent en les regardant : «Quoi! voilà l'œuvre des siècles appelés siècles « d'ignorance et de barbarie! » et, voyant la halle-théâtre ou le théâtre avec boutiques et entre-sol : « C'est là le « dernier mot de l'architecture au xixe siècle, que ses « contemporains ont acclamé comme celui du progrès « et des lumières! En vérité, c'est bien étrange, ajoute-« ront-ils, l'histoire a bien fait de nous avertir, car nous « aurions certainement tenu pour barbare le siècle qui « a produit ce théâtre impossible. »

Non, n'attachons pas notre nom à un monument qui serait aussi hybride que cette halle transformée en théâtre. Montrons plus de goût; n'ayons pas si grande hâte de donner un pendant à notre pesant Hôtel-de-Ville, qui fait la risée des voyageurs qui viennent visiter notre ville. Rappelons-nous ces paroles d'un de nos savants concitoyens, dont le sens artistique et les connaissances en architecture sont bien connus :

« ..... *Tous les peuples, en général, ont imprimé à leurs*
« *monuments un caractère solennel approprié à leur destina-*
« *tion.* L'unité de style dans l'ensemble des édifices ci-
« vils et religieux est le résultat d'une civilisation bien
« arrêtée, bien constatée. Les éléments de progrès ou
« de décadence qui distinguent les arts à diverses épo-
« ques sont tous frappés à un coin différent... Mais nous
« qui critiquons tout et n'adoptons rien de durable, nous
« sommes dans l'impossibilité d'attribuer à notre ère la
« désignation d'un style architectonique dont le front
« puisse être marqué du millésime du XIXe siècle. Quelle
« page offrirons-nous au jugement de l'impartiale his-
« toire? Comment ferons-nous absoudre par la posté-
« rité nos plagiats et nos mensonges monumentaires? »

Nous engageons MM. les architectes qui vont dresser les plans du nouveau théâtre à relire souvent les quelques lignes que nous venons de citer.

Notre tâche est terminée. L'avons nous remplie comme elle méritait de l'être? C'est au public à en juger. Nous n'avons eu aucune prétention en publiant ces quelques lignes. Outre que nous usons d'un droit, nous faisons acte de bons citoyens en plaidant devant tous ce que nous croyons les intérêts de la Ville. Nous l'avons fait avec une entière bonne foi, sans le secours du sophisme, qui, d'ailleurs, nous eût été inutile puisque la vérité est de notre côté. Nous sommes inattaquables. Où sont en effet les arguments qu'avaient produits les partisans du projet? Que reste-il de l'utilité, de l'opportunité, des moyens d'exécution du projet? Et l'emplacement? Nous le répétons, notre cause était bien bonne puisque nous n'avons esquivé aucune objection. En vérité, nous n'avons pas grand mérite à critiquer un projet qui ne soutient pas le plus léger examen.

Puissent donc les observations qui viennent d'être développées envoyer dormir dans les cartons de l'Hôtel-de-Ville le projet de transformation de la halle en théâtre, et y reposer en paix, en compagnie de tant d'autres, jusqu'à la consommation des siècles!

Si cependant, comme nous sommes loin de le croire, un partisan non convaincu par nos raisons voulait les combattre, qu'il le fasse hardiment; loin de craindre la discussion, nous l'aimons, sûrs qu'elle montrera victorieusement l'excellence de notre dire. Nous ne demandons à notre futur adversaire que de la courtoisie et de la bonne foi.

On a été victime d'un moment d'engouement, à travers lequel on a cru réalisable ce qui ne l'est pas du tout. Qu'on se l'avoue donc et qu'on n'y pense plus; c'est encore ce qu'il y a de mieux à faire.

Qu'il nous soit permis de protester très-énergiquement contre ceux qui voudraient donner à notre brochure une couleur d'opposition envers l'Administration municipale. Nous connaissons aussi bien que qui que ce soit son dévouement aux intérêts de la cité. Nous connaissons aussi parfaitement ceux à qui ces intérêts sont confiés, et nous leur renouvellerons dans quelques jours le mandat que nous leur avons déjà donné. Il nous a seulement semblé que le projet n'avait pas été suffisamment étudié, & que toutes les difficultés n'avaient pas été connues. Nous avons voulu faire connaître notre opinion, afin que la ville ne se lançât pas dans une entreprise onéreuse pour ses finances, et qui serait loin de contribuer à son embellissement. Tel a été notre seul et unique but.

Vienne, ce 25 mai 1865.

www.ingramcontent.com/pod-product-compliance
Lightning Source LLC
Chambersburg PA
CBHW060611050426
42451CB00011B/2192